Impressum
Verlag: BABADADA GmbH, Nedderfeld 112 , 22529 Hamburg
Geschäftsführer / Verlagsleitung: Harald Hof
Druck: Books on Demand GmbH, In de Tarpen 42, 22848 Norderstedt

Imprint
Publisher: BABADADA GmbH, Nedderfeld 112 , 22529 Hamburg, Germany
Managing Director / Publishing direction: Harald Hof
Print: Books on Demand GmbH, In de Tarpen 42, 22848 Norderstedt

مدرسه
okul

کلاس درس
sınıf
تقسیم کردن
böl
186/2
okul bahçesi
تخته
tahta
معلم
öğretmen
کاغذ
kağıt
نوشتن
yazmak
خودکار
kalem
میز تحریر
masa
خط کش
cetvel
کتاب
kitap
دانش آموز
öğrenci

کیف مدرسه
....
okul çantası

جامدادی
....
kalemlik

مداد
....
kurşun kalem

تراش
....
kalem açacağı

پاک کن
....
silgi

دفتر رسم
....
çizim defteri

طراحی

çizim

قلم مو

resim fırçası

جعبه ی آبرنگ

boya kutusu

قیچی

makas

چسب

tutkal

کتاب تمرین

alıştırma kitabı

تکلیف خانه

ödev

12

رقم

sayı

2+2

جمع کردن

ekle

5-2

تفریق کردن

çıkar

2×2

ضرب کردن

çarp

محاسبه کردن

hesapla

A

حرف الفبا

harf

ABCDEFG
HIJKLMN
OPQRSTU
VWXYZ

الفبا

alfabe

hello

کلمه

kelime

متن

metin

خواندن

okumak

گچ

tebeşir

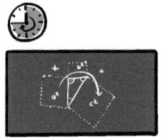

درس

ders

ثبت نام

kayıt

امتحان

sınav

مدرک رسمی

sertifika

لباس مدرسه

okul forması

تحصیلات

eğitim

دانشنامه

ansiklopedi

دانشگاه

üniversite

میکروسکوپ

mikroskop

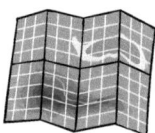

نقشه

harita

سبد کاغذ باطله

kağıt çöp kutusu

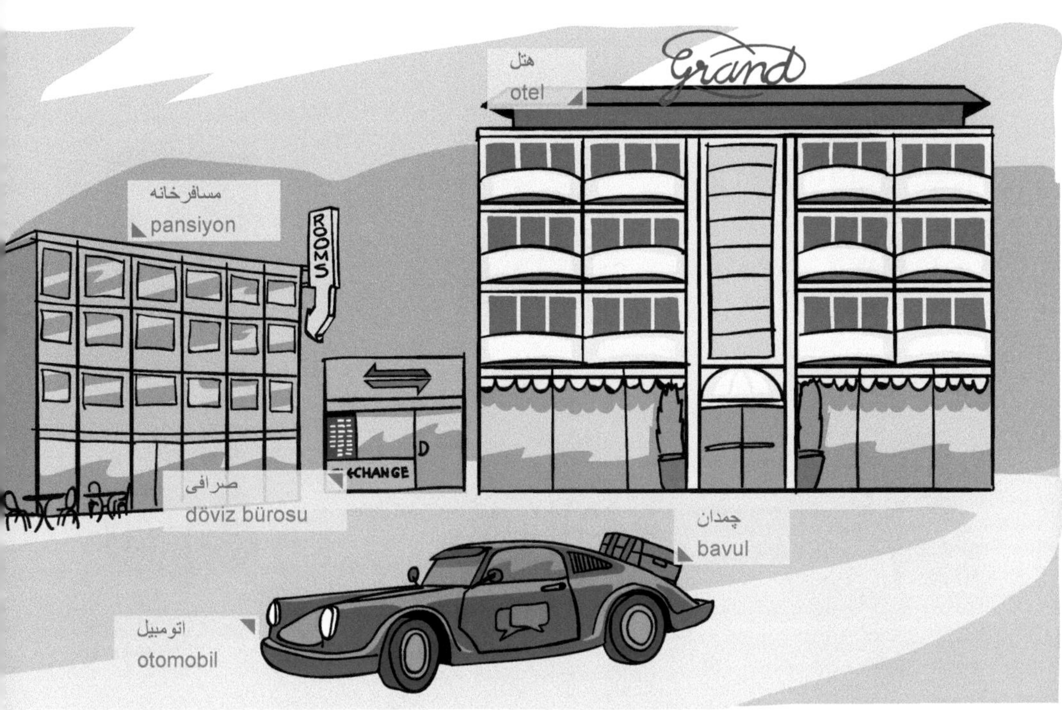

هتل
otel
Grand
مسافرخانه
pansiyon
ROOMS
صرافی
döviz bürosu
EXCHANGE
چمدان
bavul
اتومبیل
otomobil

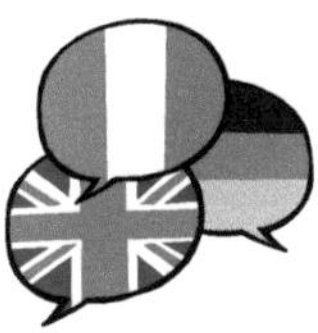

زبان
dil

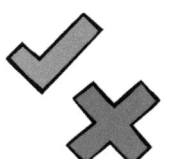

بله / خیر
evet / hayır

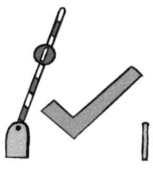

أکی
Tamam

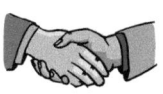

سلام
merhaba

مترجم
çevirmen

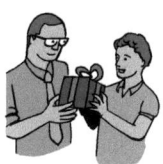

ممنون
Teşekkür ederim

قیمت ... چه قدر است؟

bu … ne kadar?

من متوجه نمی شوم

anlamadım

مشکل

problem

عصر بخیر! / شب بخیر!

İyi akşamlar!

صبح بخیر!

Günaydın!

شب بخیر!

İyi geceler!

خدانگهدار

güle güle

جهت

yön

بار سفر

bagaj

کیف

çanta

کوله پشتی

sırt çantası

مهمان

misafir

اتاق

oda

کیسه خواب

uyku tulumu

خیمه

çadır

مرکز راهنمای گردشگران
....
turist danışma

ساحل
....
sahil

کارت اعتباری
....
kredi kartı

صبحانه
....
kahvaltı

نهار
....
öğle yemeği

شام
....
akşam yemeği

بلیط
....
Bilet

آسانسور
....
asansör

مهر
....
pul

مرز
....
sınır

گمرک
....
gümrük

سفارتخانه
....
elçilik

ویزا
....
vize

گذرنامه
....
pasaport

حمل و نقل

ulaşım

هواپیما
uçak
کشتی
gemi
ماشین آتش نشانی
yangın söndürme pompası
اتوبوس
otobüs
کامیون
kamyon
قایق موتوری
motorlu tekne
دوچرخه
bisiklet
اتومبیل
otomobil

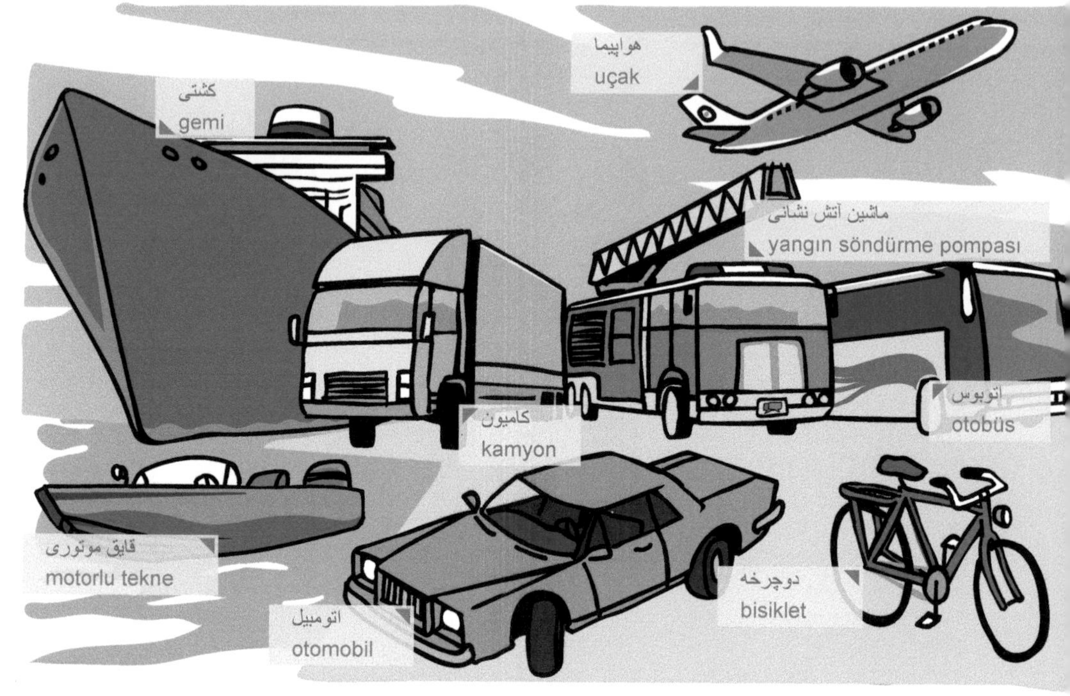

کشتی مسافربری
....
feribot

قایق
....
bot

موتورسیکلت
....
motosiklet

ماشین پلیس
....
polis arabası

ماشین مسابقه
....
yarış arabası

ماشین کرایه ای
....
kiralık araba

به اشتراک گذاری اتوموبیل

ortak araba

جرثقیل

çekici

ماشین حمل زباله

çöp kamyonu

موتور

motor

بنزین

yakıt

پمپ بنزین

benzinlik

تابلو راهنمایی و رانندگی

trafik işareti

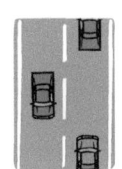

عبور و مرور

trafik

ترافیک

trafik sıkışıklığı

پارکینگ

otopark

ایستگاه قطار

tren istasyonu

ریل راه آهن

ray

قطار

tren

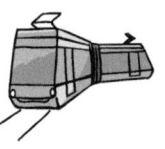

قطار برقی

tramvay

واگن

vagon

هليكوپتر

helikopter

فرودگاه

havaalanı

برج

kule

مسافر

yolcu

كانتينر

konteyner

كارتن

koli

گاری

yük arabası

سبد

sepet

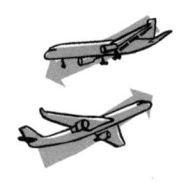

به پرواز درآمدن / فرود آمدن

kalkış / iniş

شهر

şehir

دهكده

köy

مركز شهر

şehir merkezi

خانه

ev

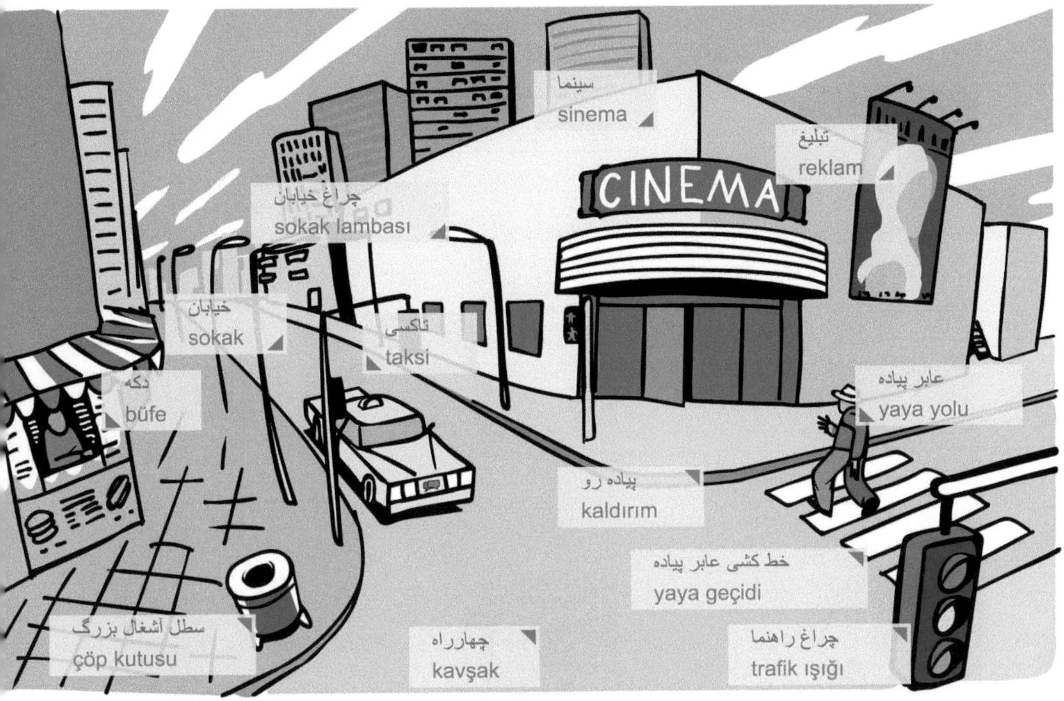

سینما
sinema

تَبلیغ
reklam

چراغ خیابان
sokak lambası

خیابان
sokak

تاکسی
taksi

دکه
büfe

عابر پیاده
yaya yolu

پیاده رو
kaldırım

خط کشی عابر پیاده
yaya geçidi

سطل آشغال بزرگ
çöp kutusu

چهارراه
kavşak

چراغ راهنما
trafik ışığı

کلبه
kulübe

آپارتمان
apartman dairesi

ایستگاه قطار
tren istasyonu

ساختمان شهرداری
belediye binası

موزه
müze

مدرسه
okul

دانشگاه

üniversite

بانک

banka

بیمارستان

hastane

هتل

otel

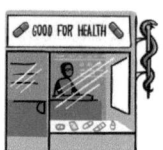

داروخانه

eczane

اداره

ofis

کتابفروشی

kitapçı

مغازه

mağaza

گل فروشی

çiçekçi

سوپرمارکت

süpermarket

بازار

market

فروشگاه بزرگ

büyük mağaza

ماهی فروش

balık satıcısı

مرکز خرید

alışveriş merkezi

بندر

liman

پارک

park

نیمکت

bank

پل

köprü

پله

merdiven

مترو

metro

تونل

tünel

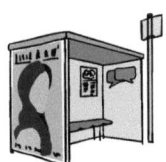

ایستگاه اتوبوس

otobüs durağı

میخانه

bar

رستوران

restoran

صندوق پست

posta kutusu

تابلوی خیابان

sokak tabelası

دستگاه پارکومتر

otopark sayacı

باغ وحش

hayvanat bahçesi

استخر شنای عمومی

yüzme havuzu

مسجد

cami

مزرعه

çiftlik

آلودگی محیط زیست

kirlilik

قبرستان

mezarlık

کلیسا

kilise

زمین بازی

oyun alanı

معبد

tapınak

چشم انداز

arazi

برگ
yaprak

تابلوی راهنمای مسیر
yön tabelası

راه
yol

چمنزار
çayır

سنگ
taş

راه نورد
yürüyüşçü

درخت
ağaç

رودخانه
ırmak

چمن
çimen

گل
çiçek

دره
....
vadi

تپه
....
tepe

دریاچه
....
göl

جنگل
....
orman

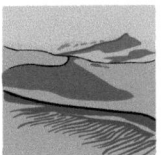

بیابان
....
çöl

کوه آتشفشان
....
volkan

قلعه
....
kale

رنگین کمان
....
gökkuşağı

قارچ
....
mantar

درخت نخل
....
palmiye

پشه
....
sivrisinek

مگس
....
sinek

مورچه
....
karınca

زنبور
....
arı

عنکبوت
....
örümcek

سوسک
böcek

قورباغه
kurbağa

سنجاب
sincap

جوجه تیغی
kirpi

خرگوش صحرایی
yabani tavşan

جغد
baykuş

پرنده
kuş

قو
kuğu

گراز
yaban domuzu

گوزن نر
geyik

گوزن شمالی
geyik

سد آب
baraj

توربین بادی
rüzgar türbini

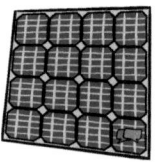

صفحه ی خورشیدی
güneş paneli

آب و هوا
iklim

رستوران
restoran

garson
منوی غذا
menü
صندلی
sandalye
سوپ
çorba
پیتزا
pizza
سرویس کارد و قاشق و چنگال
çatal - bıçak
رومیزی
masa örtüsü

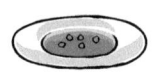

پیش‌غذا
....
başlangıç

غذای اصلی
....
ana yemek

دسر
....
tatlı

نوشیدنی ها
....
içecekler

غذا
....
yemek

بطری
....
şişe

فست فود

fastfood

اغذیه خیابانی

sokak yemeği

قوری

çaydanlık

قندان

şekerlik

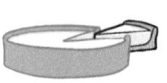

پُرس غذا

porsiyon

دستگاه اسپرسو

espresso makinesi

صندلی پایه بلند غذاخوری بچه

mama sandalyesi

صورتحساب

fatura

سینی

tepsi

چاقو

bıçak

چنگال

çatal

قاشق

kaşık

قاشق چایخوری

çay kaşığı

دستمال سفره

servis peçetesi

لیوان

bardak

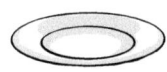

بشقاب
....
tabak

بشقاب سوپخورى
....
çorba kasesi

نعلبكى
....
fincan altlığı

سس
....
sos

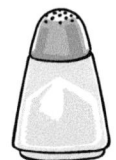

نمكدان
....
tuzluk

فلفل ساب
....
karabiber değirmeni

سركه
....
sirke

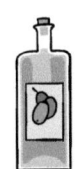

روغن خوراكى
....
yağ

ادويه جات
....
baharat

سس كچاپ
....
ketçap

سس خردل
....
hardal

سس مايونز
....
mayonez

سوپرمارکت

süpermarket

پیشنهاد ویژه
özel teklif
مشتری
müşteri
لبنیات
süt ürünleri
میوه جات
meyve
چرخ دستی خرید
alışveriş arabası

قصابی

kasap

نانوایی

fırın

وزن کردن

tartmak

سبزیجات

sebze

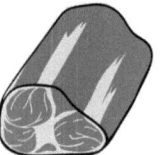

گوشت

et

غذای منجمد

donmuş gıda

مخلوطی از انواع کالباس یا پنیر ک
ورقه ای بریده شده باشند

söğüş et

غذای کنسروی

konserve yiyecek

پودر لباسشویی

toz deterjan

شیرینی جات

şekerlemeler

لوازم خانگی

ev temizlik ürünleri

ماده شوینده و پاک کننده

temizlik ürünleri

فروشنده

satış görevlisi

صندوق پرداخت

yazar kasa

صندوقدار

kasiyer

لیست خرید

alışveriş listesi

ساعات کار

açılış saatleri

کیف پول

cüzdan

کارت اعتباری

kredi kartı

کیف

çanta

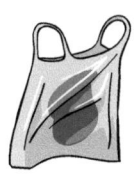

کیسه ی پلاستیکی

plastik poşet

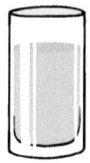

نوشیدنی ها
içecekler

آب

su

آبمیوه

meyve suyu

شیر

süt

نوشابه کوکاکولا

kola

شراب

şarap

آبجو

bira

الکل

alkol

کاکائو

kakao

چای

çay

قهوه

kahve

قهوه اسپرسو

espresso

کاپوچینو

kapuçino

موز

muz

سیب

elma

پرتقال

portakal

انواع هندوانه و خربزه

kavun

لیمو

limon

هویج

havuç

سیر

sarımsak

نی بامبو

bambu

پیاز

soğan

قارچ

mantar

آجیل

çerez

ماکارونی

makarna

اسپاگتی

spagetti

برنج

pirinç

سالاد

salata

سیب زمینی سرخ کرده

cips

سیب زمینی سرخ شده

patates kızartması

پیتزا

pizza

همبرگر

hamburger

ساندویچ

sandviç

شنیتسل

şinitzel

ژامبون خوک

pastırma

سالامی

salam

سوسیس

sosis

مرغ

tavuk

نوعی گوشت سرخ شده

rosto

ماهی

balık

جوی پرک شده

yulaf ezmesi

نوعی صبحانه مخلوطی از برگه ذرت و
میوه های خشک شده و خشکبار که
معمولا با شیر خورده می شود
müsli

کورن‌فلکس

mısır gevreği

آرد

un

کرواسان

kruvasan

نان بروتشن

küçük ekmek

نان

ekmek

نان تست

tost

بیسکویت

bisküvi

کره

tereyağı

کشک

kaymak

کیک

kek

تخم مرغ

yumurta

تخم مرغ نیمرو

sahanda yumurta

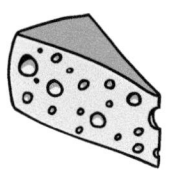

پنیر

peynir

غذا - yemek

بستنی

dondurma

شکر

şeker

عسل

bal

مربا

reçel

کرم شکلاتی بادامی

fındık ezmesi

ادویه کاری

köri

مزرعه

çiftlik

خانه ی مزرعه داران
انبار غله
tahıl ambarı
خرمن کاه
sap toplama makinesi
مزرعه
tarla
اسب
at
ماشین یدک کش
römork
تراکتور
traktör
کره اسب
tay
خر
eşek
گوسفند
koyun
بره
kuzu

بز

....

keçi

گاو ماده

....

inek

گوساله

....

buzağı

خوک

....

domuz

بچه خوک

....

domuz yavrusu

گاو نر

....

boğa

غاز

kaz

اردک

ördek

جوجه

civciv

مرغ

tavuk

خروس

horoz

موش صحرایی

sıçan

گربه

kedi

موش

fare

گاو نر اخته

öküz

سگ

köpek

لانه ی سگ

köpek kulübesi

شلنگ باغبانی

bahçe hortumu

آبپاش

sulama kabı

داس دسته بلند

tırpan

گاوآهن

pulluk

داس
....
orak

کج بیل
....
çapa

چنگک باغبانی
....
dirgen

تبر
....
balta

فرقون
....
el arabası

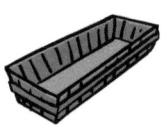

آبشخور
....
yemlik

بطری نگهداری شیر
....
süt kovası

کیسه
....
çuval

حصار
....
çit

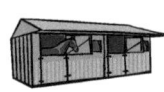

اصطبل
....
ahır

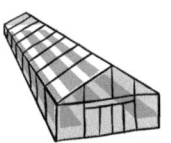

گلخانه
....
sera

خاک
....
toprak

بذر
....
tohum

کود
....
gübre

ماشین کمباین
....
biçerdöver

برداشت کردن محصول

hasat etmek

محصول

harman

تمیس

tatlı patates

گندم

buğday

سویا

soya

سیب زمینی

patates

ذرت

mısır

کلزا

kolza

درخت میوه

meyve ağacı

گیاه مانیوک

manyok

غلات

hububat

خانه

ev

دودکش
baca
پشت بام
çatı
ناودان
yağmur oluğu
پنجره
pencere
گاراژ
garaj
زنگ در
kapı zili
در
kapı
سطل آشغال
çöp kutusu
صندوق مراسلات
posta kutusu
باغ
bahçe

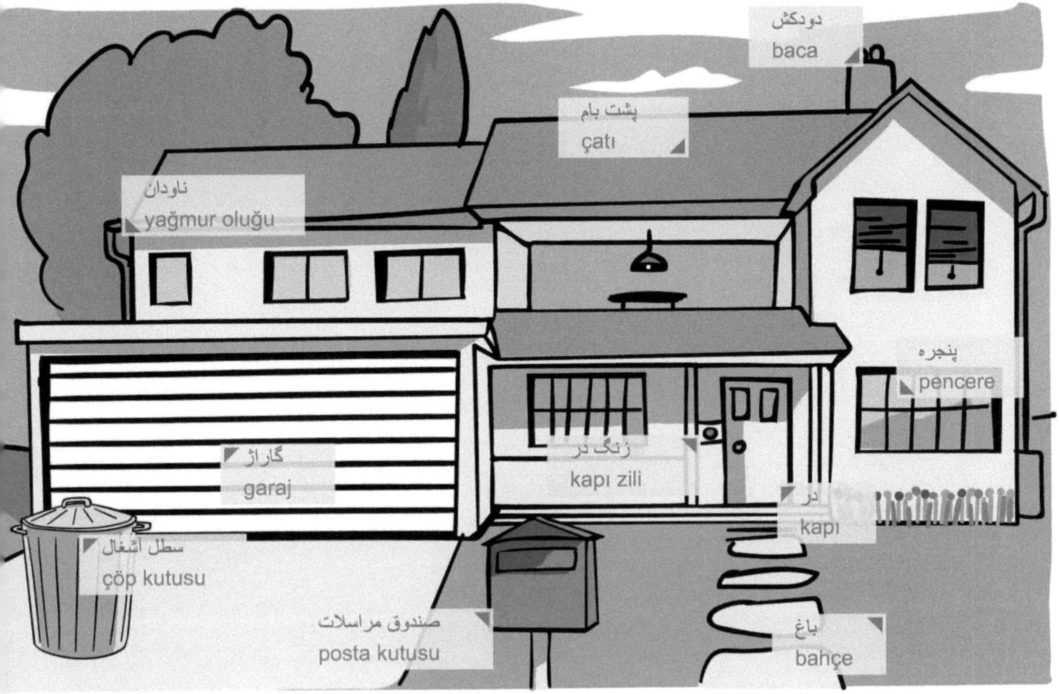

اتاق نشیمن

oturma odası

حمام

banyo

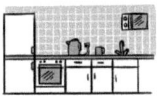

آشپزخانه

mutfak

اتاق خواب

yatak odası

اتاق بچه

çocuk odası

ناهارخوری

yemek odası

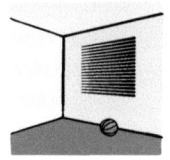

كف زمين

zemin

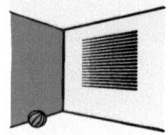

ديوار

duvar

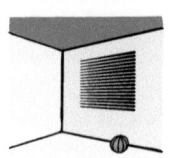

سقف

tavan

زيرزمين

kiler

سونا

sauna

بالكن

balkon

تراس

teras

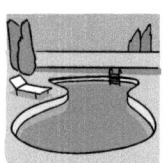

استخر

havuz

ماشين چمنزنى

çim biçme makinesi

ملافه

çarşaf

روتختى

yatak örtüsü

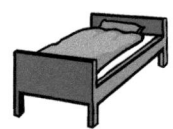

تخت خواب

yatak

جارو

süpürge

سطل

kova

سويچ يا كليد

anahtar

اتاق نشیمن

oturma odası

کاغذ دیواری
duvar kağıdı
عکس
resim
لامپ
lamba
قفسه
raf
کابینت
dolap
تلویزیون
televizyon
شومینه
şömine
گل
çiçek
کوسن
minder
کاناپه
kanepe
گلدان
vazo
کنترل تلویزیون و ویدئو و غیره
uzaktan kumanda

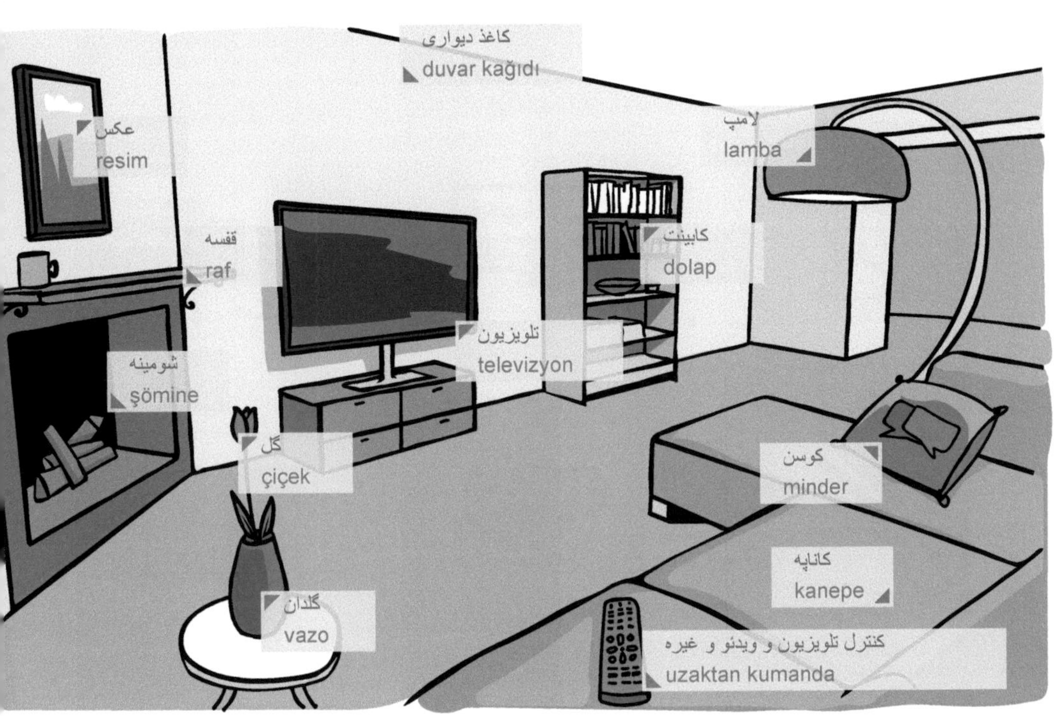

فرش

halı

پرده

perde

میز

masa

صندلی

sandalye

صندلی گهواره ایی

salıncaklı koltuk

صندلی راحتی

koltuk

كتاب

kitap

لحاف

battaniye

دكوراسيون

dekor

هيزم

odun

فيلم

film

دستگاه ضبط صوت

hi-fi

كليد

anahtar

روزنامه

gazete

تابلو نقاشی

tablo

پوستر

poster

راديو

radyo

دفترچه يادداشت

defter

جاروبرقی

elektrikli süpürge

كاكتوس

kaktüs

شمع

mum

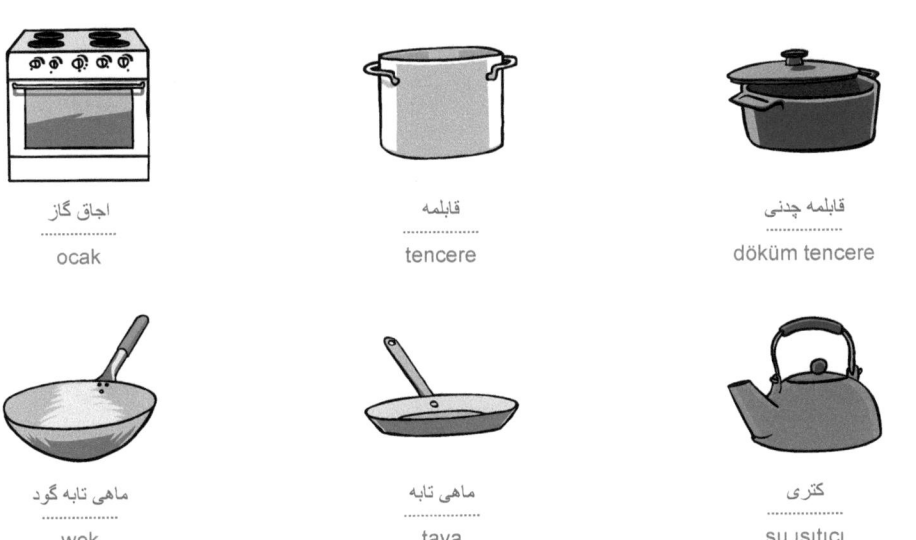

آشپزخانه
mutfak

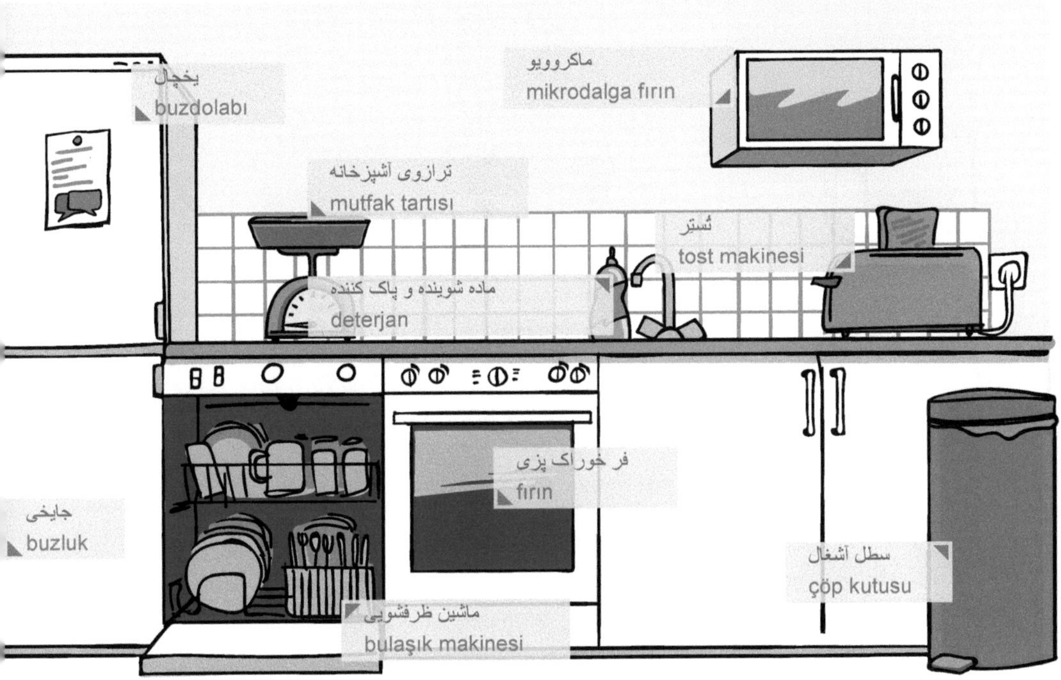

یخچال
buzdolabı
ماکروویو
mikrodalga fırın
ترازوی آشپزخانه
mutfak tartısı
تُستِر
tost makinesi
ماده شوینده و پاک کننده
deterjan
فر خوراک پزی
fırın
جایخی
buzluk
سطل آشغال
çöp kutusu
ماشین ظرفشویی
bulaşık makinesi

اجاق گاز

ocak

قابلمه

tencere

قابلمه چدنی

döküm tencere

ماهی تابه گود

wok

ماهی تابه

tava

کتری

su ısıtıcı

بخارپز

buharlı pişirici

سینی فر

pişirme tepsisi

ظرف چینی آشپزخانه

tabak takımı

لیوان

kupa

کاسه

kase

چاپستیک

çubuk (çin yemeği)

ملاقه

kepçe

کفگیر

spatula

همزن

çırpma teli

آبکش

süzgeç

آبکش

elek

رنده

rende

هاون

havan

باربیکیو

barbekü

محل مخصوص افروختن آتش

açık ateş

تخته گوشت و سبزی

kesme tahtası

وردنه

merdane

در بطری بازکن

tirbüşon

قوطی

konserve kutusu

در قوطی بازکن

konserve açacağı

دستگیره پارچه ای

fırın eldiveni

سینک ظرفشویی

evye

برس گردگیری

fırça

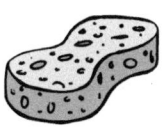

اسفنج

sünger

مخلوط کن

blender

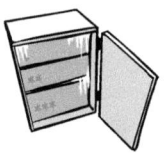

فریزر

derin dondurucu

شیشه شیر بچه

biberon

شیر آب

musluk

حمام

banyo

دوش
duş
بخاری
ısıtma
حوله
havlu
پرده ی حمام
duş perdesi
حمام کف
köpük banyosu
وان حمام
küvet
لیوان
bardak
ماشین لباسشویی
çamaşır makinesi
شیر آب
musluk
کاشی
fayans
لگن دستشویی کودکان
lazımlık
سینک ظرفشویی
evye

توالت

tuvalet

توالت ایرانی

alaturka tuvalet

کاسه توالت

bide

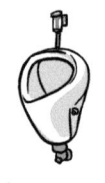

توالت مخصوص آقایان

pisuvar

دستمال توالت

tuvalet kağıdı

فرچه توالت

tuvalet fırçası

38 حمام - banyo

مسواک

diş fırçası

خمیردندان

diş macunu

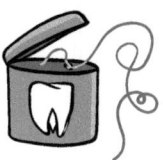

نخ دندان

diş ipi

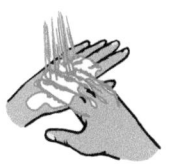

ﺸﺴﺘﻦ

yıkamak

دوش آب تلفنی

duş başlığı

شلنگ توالت

duş başlığı şeklinde taharet musluğu

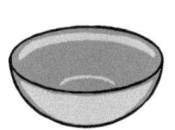

لگن روشویی

küvet

برس ﺸﺴﺖ و ﺸﻮی پﺸﺖ

banyo fırçası

صابون

sabun

شامپو بدن

duş jeli

شامپو

şampuan

لیف حمام

banyo lifi

راه آب

gider

کرم

krem

اسپری دئودورانت

deodorant

آیینه

ayna

آیینه ی کوچک دستی

el aynası

تیغ ریش تراشی

jilet

کف ریش‌تراشی

tıraş köpüğü

آفترشیو

tıraş losyonu

شانه ی سر

tarak

برس

fırça

سشوار

saç kurutma makinesi

اسپری مو

saç spreyi

آرایش

makyaj

رژلب

ruj

لاک ناخن

tırnak cilası

پنبه

pamuk

قیچی ناخن

tırnak makası

عطر

parfüm

کیف لوازم آرایشی و بهداشتی

makyaj çantası

چهارپایه

tabure

ترازو

tartı

حوله ی پالتویی

bornoz

دستکش ظرفشویی

lastik eldiven

تامپون

tampon

نوار بهداشتی

kadın pedi

توالت سیار

kimyevi tuvalet

اتاق بچه

çocuk odası

ساعت زنگدار
çalar saat
نوعی عروسک نرم به شکل حیوانات
peluş oyuncak
ماشین اسباب بازی
oyuncak araba
جغجغه
çıngırak
خانه ی عروسکی
bebek evi
کادو
hediye

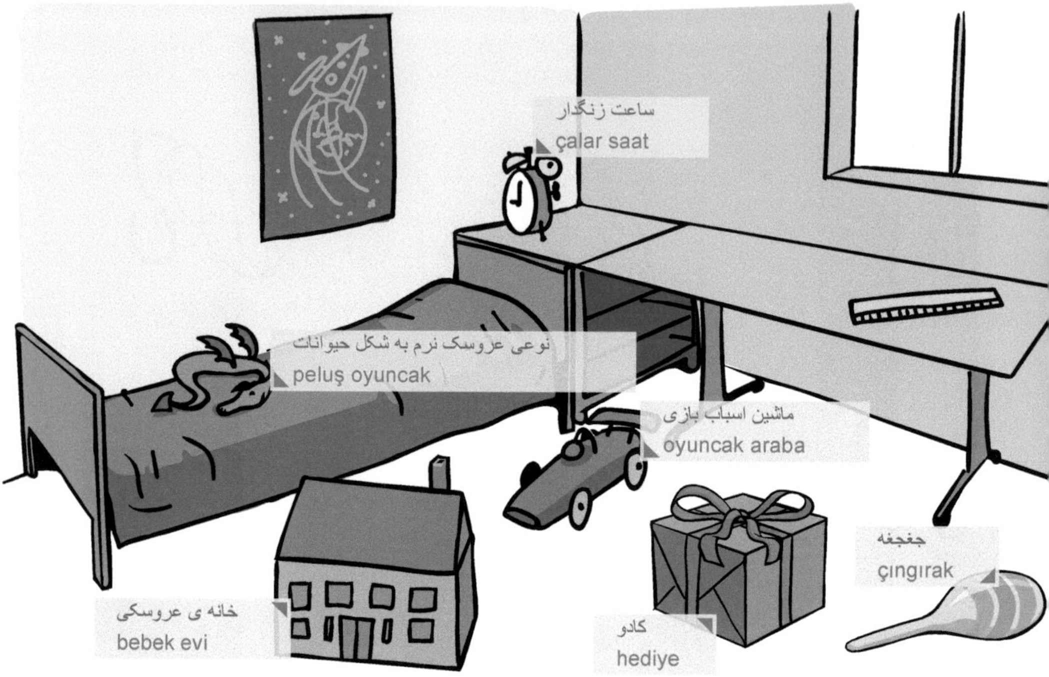

بادکنک

balon

تخت خواب

yatak

کالسکه بچه

bebek arabası

بازی ورق

kart destesi

پازل

yapboz

داستان مصور

çizgi roman

اسباب بازی لگو

lego tuğlaları

خانه سازی

lego blokları

عروسک شخصیت های فیلم و کارتون

aksiyon figürü

لباس نوزاد

zıbın

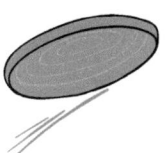

فریزبی

frizbi

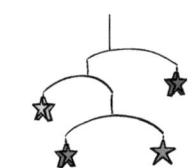

نوعی اسباب بازی که روی تخت نوزاد
یا کودک نصب می شود

dönence

بازی روی صفحه

masa oyunu

تاس

zar

قطار اسباب بازی

model tren seti

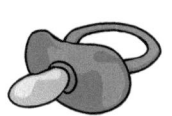

پستانک

emzik

مهمانی

parti

کتاب مصور

resimli kitap

توپ

top

عروسک

oyuncak bebek

بازی کردن

oynamak

جعبه شنی مخصوص بازی کودکان

kum havuzu

تاب

salıncak

اسباب بازی

oyuncaklar

کنسول بازی های کامپیوتری

video oyun konsolu

سه چرخه

üç tekerlekli bisiklet

خرس عروسکی

oyuncak ayı

کمد لباس

gardırop

لباس

kıyafet

جوراب

çorap

جوراب زنانه ساق بلند

külotlu çorap

جوراب شلواری

tayt

شال
eşarp

چتر
şemsiye

تی شرت
tişört

كمربند
kemer

پوتین
bot

دمپایی
terlik

كفش ورزشی كتانی
spor ayakkabı

صندل
....
sandalet

كفش
....
ayakkabı

چكمه پلاستیكی
....
lastik çizme

شرت
....
külot

سوتین
....
sütyen

جليقه
....
yelek

لباس - kıyafet

45

بادى
dar bluz

شلوار
pantolon

جین
kot pantolon

دامن
etek

بلوز
bluz

پیراهن
gömlek

پولیور
kazak

سویی شرتِ
süveter

نوعی کت
blazer

ژاکت
ceket

کت بلند
mont

بارانی
yağmurluk

لباس نمایش
kostüm

لباس
elbise

لباس عروس
gelinlik

كت و شلوار

takım elbise

لباس خواب زنانه

gecelik

پیژامه

pijama

ساری

sari

روسری

baş örtüsü

عمامه

türban

برقع

burka

قبا

kaftan

عبا

çarşaf

لباس شنا

mayo

شرت شنا

erkek mayosu

شلوارک

şort

لباس ورزشی

eşofman

پیشبند

önlük

دستکش

eldiven

دكمه

düğme

عینک

gözlük

دستبند

bilezik

گردنبند

kolye

انگشتر

yüzük

گوشواره

küpe

کلاه لبه دار

kep

چوب لباسی

portmanto

کلاه

şapka

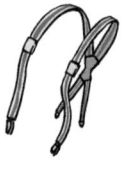

کراوات

kravat

زیپ

fermuar

کلاه ایمنی

kask

بند شلوار

pantolon askısı

لباس مدرسه

okul forması

لباس فرم

üniforma

پیش بند بچه

mama önlüğü

پستانک

emzik

پوشک بچه

bebek bezi

اداره
ofis

سرور
sunucu
کمد نگهداری پرونده
dosya dolabı
چاپگر
yazıcı
کاغذ
kağıt
مانیتور
monitör
ماوس
fare
میز تحریر
masa
زونکن
klasör
صفحه کلید
klavye
سبد کاغذ باطله
kağıt çöp kutusu
کامپیوتر
bilgisayar
صندلی
sandalye

لیوان قهوه

kahve fincanı

ماشین حساب

hesap makinesi

اینترنت

internet

لپ تاپ

dizüstü

نامه

mektup

پیغام

mesaj

تلفن همراه

cep telefonu

شبکه ی ارتباطی

ağ

دستگاه فتوکپی

fotokopi makinesi

نرم افزار

yazılım

تلفن

telefon

پریز

priz

دستگاه فاکس

faks makinesi

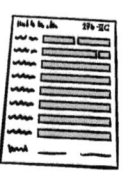

فرم

form

مدرک

belge

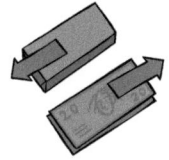

اقتصاد
ekonomi

خریدن
....
satın almak

پرداخت کردن
....
ödemek

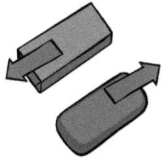

تجارت کردن
....
ticaret yapmak

پول
....
para

USD

دلار
....
dolar

EUR

یورو
....
avro

JPY

ین
....
yen

RUB

روبل
....
ruble

CHF

فرانک سوئیس
....
İsviçre frangı

CNY

یوان رنمینبی
....
Çin yuanı

INR

روپیه
....
rupi

دستگاه خودپرداز
....
kasa

صرافی

döviz bürosu

طلا

altın

نقره

gümüş

نفت

petrol

انرژی

enerji

قیمت

fiyat

قرارداد

kontrat

مالیات

vergi

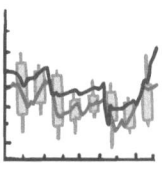

سهام سرمایه

menkul değer

کار کردن

çalışmak

کارمند

işveren

کارفرما

işçi

کارخانه

fabrika

مغازه

mağaza

آتش نشان
itfaiyeci
مامور پلیس
polis memuru
آشپز
aşçı
دکتر
doktor
خلبان
pilot

باغبان

bahçıvan

نجار

marangoz

خیاط زنانه

terzi

قاضی

hakim

شیمیدان

kimyager

بازیگر

aktör

راننده اتوبوس

otobüs şoförü

راننده تاکسی

taksi şoförü

ماهیگیر

balıkçı

نظافتچی زن

temizlikçi

سقف ساز

çatı ustası

پیشخدمت رستوران

garson

شکارچی

avcı

نقاش

boyacı

نانوا

fırıncı

برقکار

elektrikçi

کارگر ساختمانی

inşaatçı

مهندس

mühendis

قصاب

kasap

لوله کش

muslukçu

پستچی

postacı

سرباز

asker

معمار

mimar

صندوقدار

kasiyer

گل فروش

çiçekçi

آرایشگر

kuaför

مامور کنترل بلیط در قطار

kondüktör

مکانیک

tamirci

ناخدا

kaptan

دندانپزشک

dişçi

دانشمند

bilim insanı

عالم یهودی

haham

امام

imam

راهب

keşiş

کشیش

rahip

ابزارآلات

aletler

چکش
çekiç
انبردست
penseler
پیچ گوشتی
tornavida
چراغ قوه
el feneri
آچار
İngiliz anahtarı

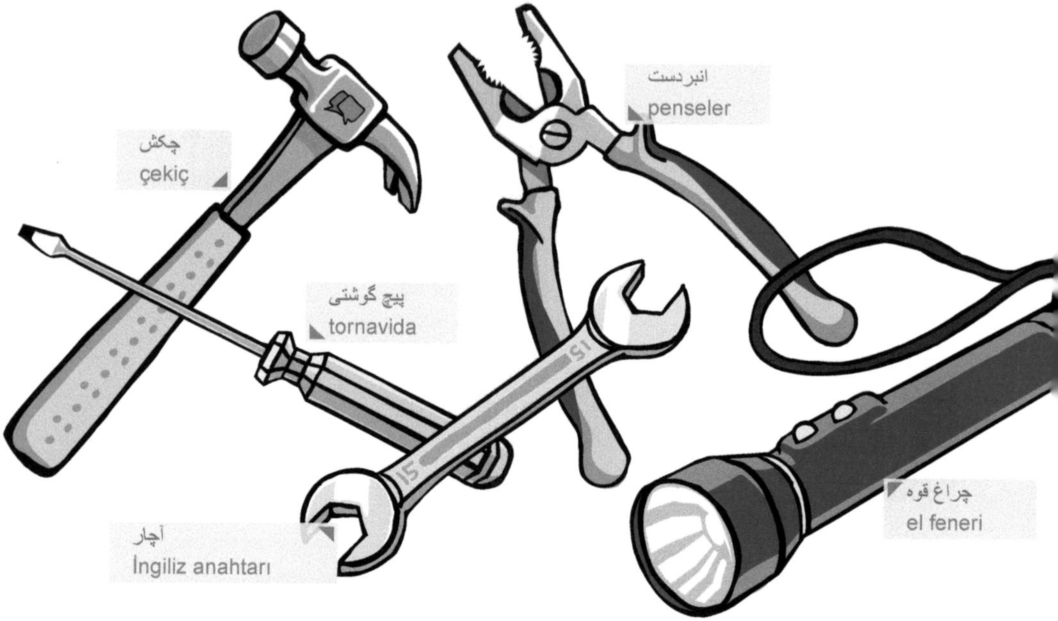

بیل مکانیکی

kazı makinesi

جعبه ابزار

alet çantası

نردبان

merdiven

ارّه

testere

میخ

çiviler

مته

matkap

تعمیر کردن

tamir etmek

بیل

kürek

لعنتی!

Kahretsin!

خاک انداز

faraş

سطل رنگرزی

boya tenekesi

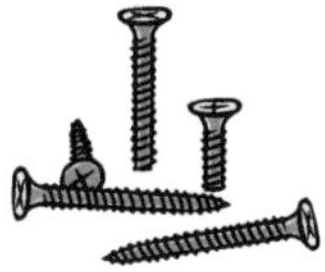

پیچ

vidalar

آلات موسیقی

müzik enstrümanı

بلندگو
hoparlör

درامز
bateri seti

گیتار
gitar

کنترباس
kontrbas

ترومپت
trompet

پیانو

piyano

ویولن

keman

گیتار بیس

basgitar

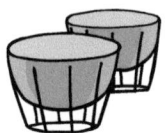

تیمپانی

timpani

طبل

bateri

کیبورد الکتریک

klavye

ساکسیفون

saksafon

فلوت

flüt

میکروفون

mikrofon

باغ وحش
hayvanat bahçesi

ورودی
giriş
ببر
kaplan
قفس
kafes
گورخر
zebra
خوراک حیوانات
hayvan yemi
خرس پاندا
panda

حیوانات

hayvanlar

فیل

fil

کانگورو

kanguru

کرگدن

gergedan

گوریل

goril

خرس

ayı

شـُتـَر

deve

شترمرغ

deve kuşu

شـیر

aslan

میمون

maymun

فلامینگو

flamingo

طوطی

papağan

خرس قطبی

kutup ayısı

پنگوئن

penguen

کوسه

köpek balığı

طاووس

tavus kuşu

مار

yılan

تمساح

timsah

نگهبان باغ وحش

hayvanat bahçesi görevlisi

خوک آبی

fok

پلنگ امریکایی

jaguar

اسب کوچک
....
midilli atı

پلنگ
....
leopar

اسب آبی
....
su aygırı

زرافه
....
zürafa

عقاب
....
kartal

گراز
....
yaban domuzu

ماهی
....
balık

لاک پشت
....
kaplumbağa

شیرماهی
....
mors

روباه
....
tilki

غزال
....
ceylan

ورزش ها

sporlar

فوتبال آمریکایی
amerikan futbolu
دوچرخه سواری
bisiklete binme
تنیس
tenis
بسکتبال
basketbol
شنا
yüzme
بوکس
boks
هاکی روی یخ
buz hokeyi

فوتبال

futbol

بدمینتون

badminton

دوومیدانی

atletizm

هندبال

hentbol

اسکی

kayak

پولو

polo

فعاليت ها

etkinlikler

خندیدن
gülmek
پریدن
atlamak
بغل کردن
sarılmak
راه رفتن
yürümek
آواز خواندن
söylemek
رؤیا دیدن
hayal etmek
دعا کردن
dua etmek
بوسیدن
öpmek

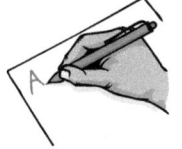

نوشتن

yazmak

رسم کردن

çizmek

نشان دادن

göstermek

هل دادن

itmek

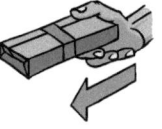

دادن

vermek

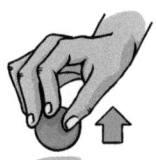

برداشتن

almak

داشتن

sahip olmak

انجام دادن

yapmak

بودن

olmak

ایستادن

ayakta durmak

دویدن

koşmak

کشیدن

çekmek

پرتاب کردن

atmak

افتادن

düşmek

دراز کشیدن

yalan söylemek

منتظر بودن

beklemek

حمل کردن

taşımak

نشستن

oturmak

لباس پوشیدن

giyinmek

خوابیدن

uyumak

بیدار شدن

uyanmak

تماشا کردن

bakmak

گریه کردن

ağlamak

نوازش کردن

vurmak

شانه کردن

taramak

حرف زدن

konuşmak

فهمیدن

anlamak

پرسیدن

sormak

شنیدن

dinlemek

آشامیدن

içmek

خوردن

yemek

مرتب کردن

düzenlemek

عاشق بودن

sevmek

پختن

pişirmek

رانندگی کردن

sürmek

پرواز کردن

uçmak

قایقرانی کردن

denize açılmak

محاسبه کردن

hesapla

خواندن

okumak

یاد گرفتن

öğrenmek

کار کردن

çalışmak

ازدواج کردن

evlenmek

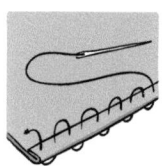

دوختن

dikmek

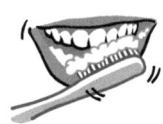

مسواک زدن

diş fırçalamak

کُشتن

öldürmek

سیگار کشیدن

sigara içmek

فرستادن

yollamak

خانواده
aile

مادربزرگ
büyükanne
پدربزرگ
büyükbaba
پدر
baba
مادر
anne
کودک
bebek
فرزند دختر
kız
فرزند پسر
oğul

مهمان
....
misafir

خاله، عمه
....
teyze

دایی، عمو
....
amca

برادر
....
erkek kardeş

خواهر
....
kız kardeş

بدن

vücut

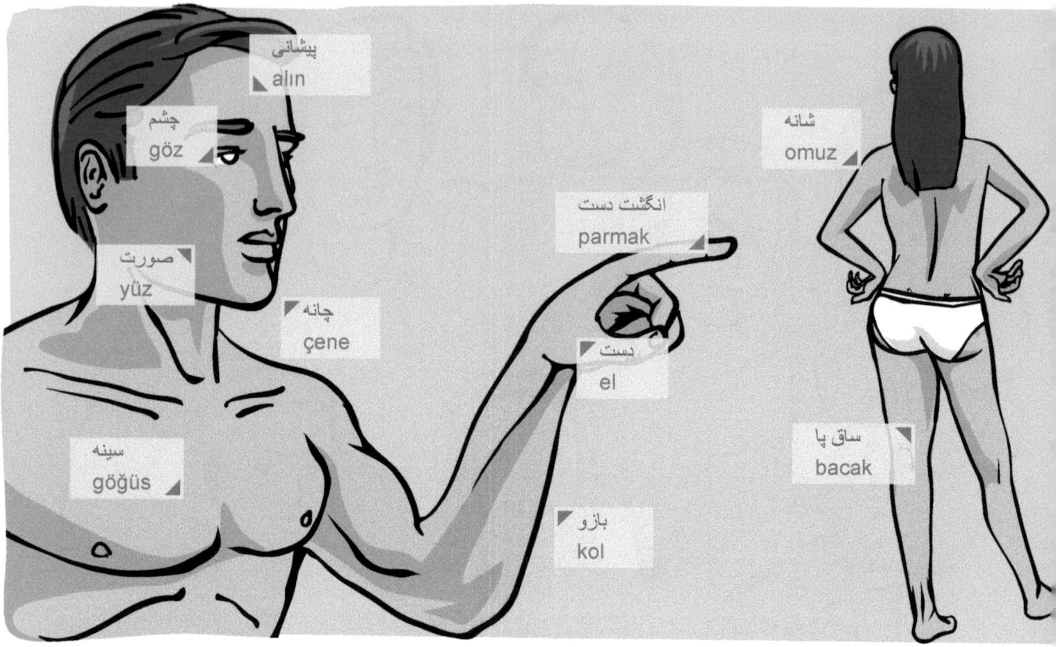

پیشانی
alın
چشم
göz
شانه
omuz
انگشت دست
parmak
صورت
yüz
چانه
çene
دست
el
سینه
göğüs
ساق پا
bacak
بازو
kol

کودک

bebek

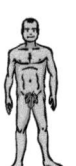

مرد

adam

زن

kadın

دختربچه

kız

پسربچه

erkek çocuk

کله

baş

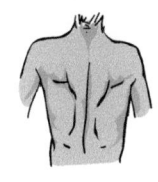

كمر
....
sırt

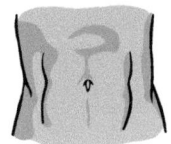

شكم
....
karın

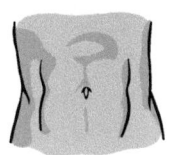

ناف
....
göbek

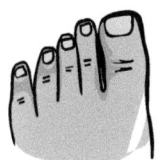

انگشت پا
....
ayak parmağı

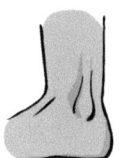

پاشنه
....
topuk

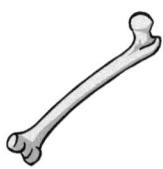

استخوان
....
kemik

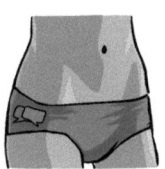

لگن
....
kalça

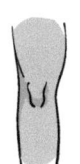

زانو
....
diz

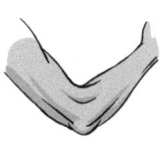

آرنج
....
dirsek

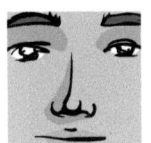

بینی
....
burun

نشیمنگاه
....
kalça

پوست
....
deri

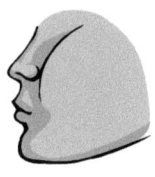

گونه
....
yanak

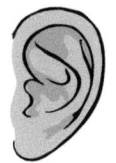

گوش
....
kulak

لب
....
dudak

دهان
ağız

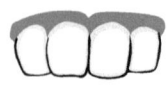

دندان
diş

زبان
dil

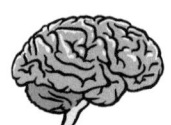

مغز
beyin

قلب
kalp

عضله
kas

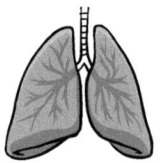

ریه
akciğer

کبد
karaciğer

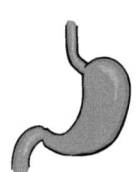

معده
mide

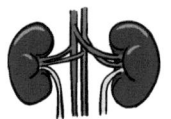

کلیه
böbrekler

آمیزش جنسی
seks

کاندوم
prezervatif

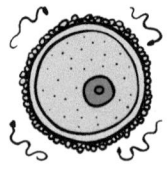

تخمک
yumurtalık

اسپرم
sperm

حاملگی
hamilelik

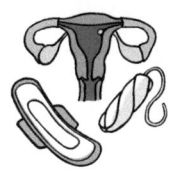

پریود

regl

واژن

vajina

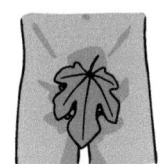

آلت تناسلی مرد

penis

ابرو

kaş

مو

saç

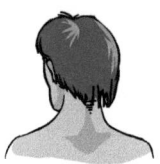

گردن

boyun

بیمارستان
hastane

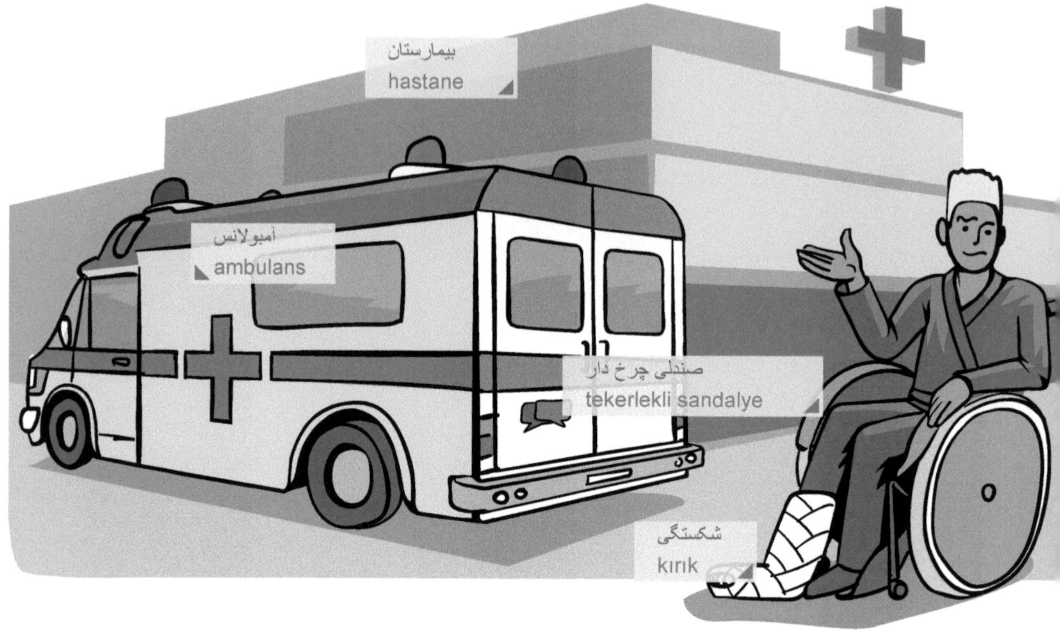

بیمارستان
hastane
آمبولانس
ambulans
صندلی چرخ دار
tekerlekli sandalye
شکستگی
kırık

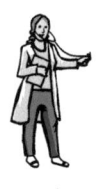

دکتر

doktor

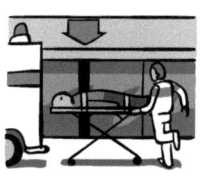

بخش اورژانس

acil servis

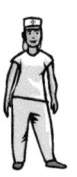

پرستار

hemşire

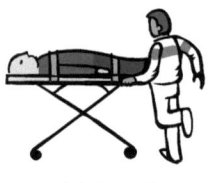

موقعیت اضطراری

acil

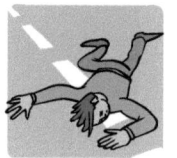

بی هوش

baygın

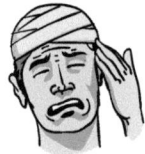

درد

acı

مصدومیت
yaralanma

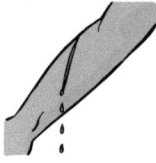

خونریزی
kanama

سکته قلبی
kalp krizi

سکته مغزی
felç

آلرژی
alerji

سرفه
öksürük

تب
ateş

آنفولانزا
grip

اسهال
ishal

سردرد
baş ağrısı

سرطان
kanser

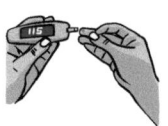

دیابت
şeker hastalığı

جراح
cerrah

چاقوی جراحی
neşter

عمل جراحی
operasyon

سی تی اسکن

bilgisayarlı tomografi

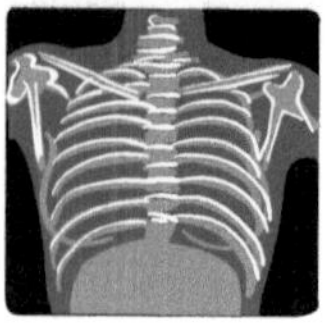

پرتونگاری

röntgen

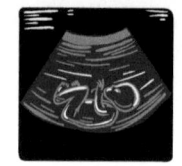

سونوگرافی

ultrason

ماسک صورت

yüz maskesi

بیماری

hastalık

اتاق انتظار

bekleme odası

چوب زیر بغل

koltuk değneği

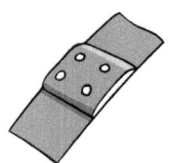

چسب زخم

yara bandı

پانسمان

bandaj

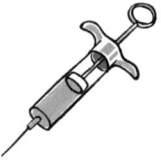

تزریق

enjeksiyon

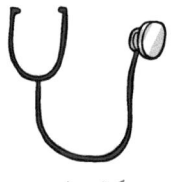

گوشی طبی

steteskop

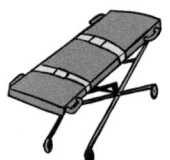

برانکار

sedye

دماسنج

tıbbi termometre

زایش

doğum

اضافه وزن

fazla kilo

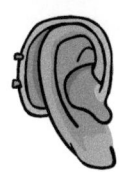

سمعک

işitme cihazı

ماده ضد غفونی کننده

dezenfektan

عفونت

enfeksiyon

ویروس

virüs

اچ آی وی / ایدز

HIV / AIDS

دارو

ilaç

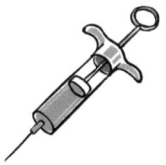

واکسیناسیون

aşı

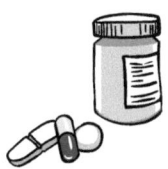

قرص

tablet

قرص ضد حاملگی

hap

تماس اظطراری

acil çağrı

دستگاه اندازه گیری فشارخون

tansiyon aleti

مریض / سالم

hasta / sağlıklı

موقعیت اضطراری

acil

کمک!

İmdat!

آژیر خطر

alarm

حمله

darp

حمله ی فیزیکی

saldırı

خطر

tehlike

خروج اظطراری

acil çıkış

آتش

Yangın!

کپسول آتش‌نشانی

yangın tüpü

تصادف

kaza

جعبه کمک های اولیه

ilk yardım çantası

درخواست کمک

imdat

پلیس

polis

کره زمین
dünya

اروپا

Avrupa

آمریکای شمالی

Kuzey Amerika

آمریکای جنوبی

Güney amerika

آفریقا

Afrika

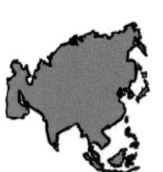

آسیا

Asya

استرالیا

Avustralya

اقیا نوس اطلس

Atlantik

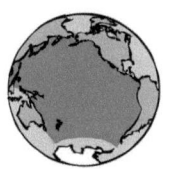

اقیانوس آرام

Pasifik

اقیانوس هند

Hint Okyanusu

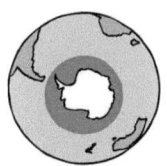

اقیا نوس اطلس جنوبی

Antarktika Okyanusu

اقیانوس منجمد شمالی

Arktik Okyanusu

قطب شمال

Kuzey Kutbu

قطب جنوب

Güney Kutbu

قاره قطب جنوب

Antarktika

كره زمين

dünya

سرزمين

kara

دريا

deniz

جزيره

ada

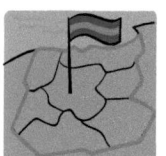

ملت

ulus

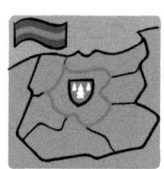

كشور

ülke

ساعت

saat

صفحه ی ساعت

kadran

ساعت شمار

akrep

دقیقه شمار

yelkovan

ثانیه شمار

saniye ibresi

ساعت چند است؟

Saat kaç?

روز

gün

زمان

zaman

اکنون

şimdi

ساعت دیجیتال

dijital saat

دقیقه

dakika

ساعت

saat

دوشنبه
Pazartesi
MO

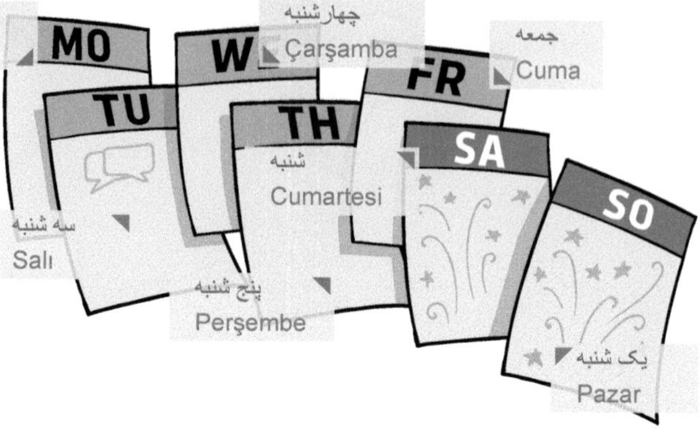

چهارشنبه
W Çarşamba

جمعه
FR Cuma

TU

TH
شنبه
Cumartesi

SA

سه شنبه
Salı

پنج شنبه
Perşembe

SO

یک شنبه
Pazar

TUE
MON
2 **1** ✗

ديروز
dün

TUE
2 ✗

امروز
bugün

TUE
3 ✗

فردا
yarın

صبح
sabah

ظهر
öğle

غروب
akşam

MO	TU	WE	TH	FR	SA	SU
1	2	3	4	5	6	7
8	9	10	11	12	13	14
15	16	17	18	19	20	21
22	23	24	25	26	27	28
29	30	31	1	2	3	4

روزهای کاری
iş günleri

MO	TU	WE	TH	FR	SA	SU
1	2	3	4	5	6	7
8	9	10	11	12	13	14
15	16	17	18	19	20	21
22	23	24	25	26	27	28
29	30	31	1	2	3	4

آخر هفته
hafta sonu

سال

yıl

رنگین کمان
gökkuşağı
باران
yağmur
باد
rüzgar
برف
kara
بهار
bahar
پاییز
sonbahar
تابستان
yaz
زمستان
kış

4.APRIL 11°
5.APRIL 4°
6.APRIL 13°
7.APRIL 8°
8.APRIL 10°

پیش‌بینی اوضاع جوی

hava durumu tahmini

0
10
0
-10

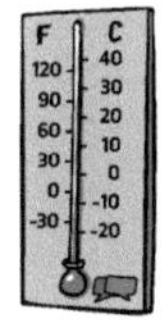

دماسنج

termometre

تابش آفتاب

güneş ışığı

ابر

bulut

مِه

sis

رطوبت هوا

nem

صاعقه

şimşek

آسمان غره

gök gürültüsü

طوفان

fırtına

تگرگ

dolu

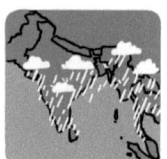

باد موسمی

muson

سیل

sel

یخ

buz

ژانویه

Ocak

فوریه

Şubat

مارس

Mart

آوریل

Nisan

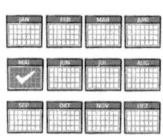

مه

Mayıs

ژوئن

Haziran

ژوئیه

Temmuz

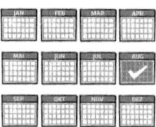

آگوست

Ağustos

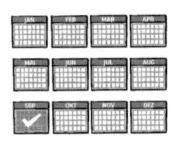

سپتامبر

Eylül

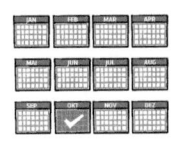

اُکتبر

Ekim

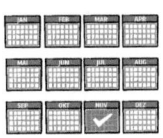

نوامبر

Kasım

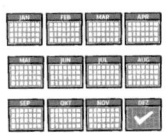

دسامبر

Aralık

آشکال

şekiller

دایره

daire

مربع

kare

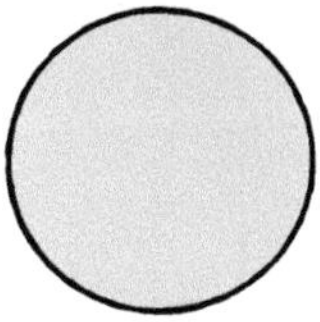

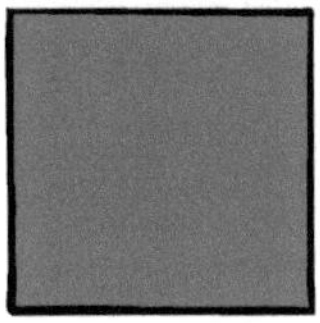

مستطیل

dikdörtgen

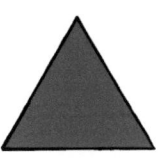

سه گوش

üçgen

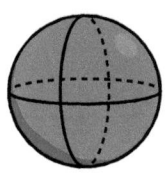

گره

küre

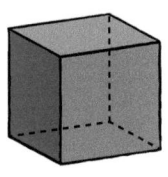

مکعب مربع

küp

رنگ ها

renkler

سفید

beyaz

زرد

sarı

نارنجی

turuncu

صورتی

pembe

قرمز

kırmızı

بنفش

mor

آبی

mavi

سبز

yeşil

قهوه ای

kahverengi

خاکستری

gri

سیاه

siyah

متضاد ها

zıt anlamlılar

خیلی / کم

çok / az

خشمگین/ آرام

kızgın / sakin

زیبا / زشت

güzel / çirkin

شروع / پایان

başlangıç / son

بزرگ / کوچک

büyük / küçük

روشن / تیره

parlak / karanlık

برادر / خواهر

erkek kardeş / kız kardeş

تمیز / آلوده

temiz / kirli

کامل / ناقص

tamam / eksik

روز / شب

gün / gece

مرده / زنده

ölü / canlı

پهن / باریک

geniş / dar

قابل خوردن / غیر قابل خوردن

yenilebilir / yenilemez

غضبناک / مهربان

kötü / iyi

هیجان زده / بی حوصله

heyecanlı / sıkılmış

چاق / لاغر

şişman / zayıf

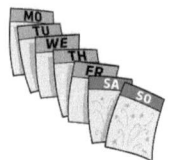

اولین / آخرین

ilk / son

دوست / دشمن

dost / düşman

پر / خالی

dolu / boş

سفت / نرم

sert / yumuşak

سنگین / سبک

ağır / hafif

گرسنگی / تشنگی

açlık / susuzluk

مریض / سالم

hasta / sağlıklı

غیرقانونی / قانونی

yasa dışı / yasal

باهوش / خنگ

zeki / aptal

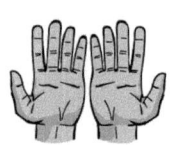

چپ / راست

sol / sağ

نزدیک / دور

yakın / uzak

نو / استفاده شده

yeni / kullanılmış

هیچ چیز / چیزی

hiçbir şey / bir şey

پیر / جوان

yaşlı / genç

روشن / خاموش

açma / kapama

باز / بسته

açık / kapalı

آهسته / بلند

sessiz / gürültülü

ثروتمند / فقیر

zengin / fakir

درست / غلط

doğru / yanlış

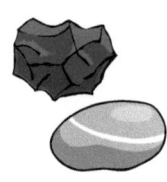

زبر / صاف

pürüzlü / düz

غمگین / خوشحال

üzgün / mutlu

کوتاه / بلند

kısa / uzun

کند / تند

yavaş / hızlı

تَر / خشک

ıslak / kuru

گرم / خنک

sıcak / serin

جنگ / صلح

savaş / barış

اعداد

sayılar

0	1	2
صفر	یک	دو
sıfır	bir	iki
3	4	5
سه	چهار	پنج
üç	dört	beş
6	7	8
شش	هفت	هشت
altı	yedi	sekiz
9	10	11
نه	دَه	یازده
dokuz	on	on bir

12

دوازده

on iki

13

سیزده

on üç

14

چهارده

on dört

15

پانزده

on beş

16

شانزده

on altı

17

هفده

on yedi

18

هجده

on sekiz

19

نوزده

on dokuz

20

بیست

yirmi

100

صد

yüz

1.000

هزار

bin

1.000.000

میلیون

milyon

زبان ها
diller

انگلیسی

İngilizce

انگلیسی آمریکایی

Amerikan İngilizcesi

چینی ماندارین

Çince (Mandarin)

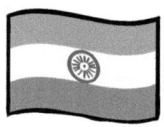

هندی

Hintçe

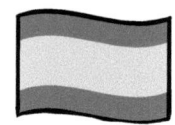

اسپانیایی

İspanyolca

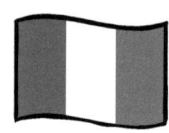

فرانسوی

Fransızca

عربی

Arapça

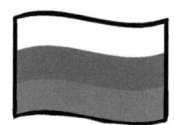

روسی

Rusça

پرتغالی

Portekizce

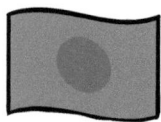

بنگالی

Bengalce

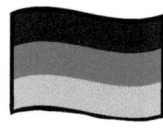

آلمانی

Almanca

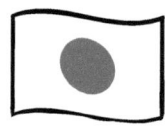

ژاپنی

Japonca

چه کسی / چه چیزی / چگونه

kim / ne / nasıl

من

ben

تو

sen

او

o

ما

biz

شما

siz

آنها

onlar

چه کسی؟ کی؟

kim?

چی؟

ne?

چگونه؟

nasıl?

کجا؟

nerede?

کِی؟

ne zaman?

نام

isim

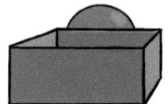

کجا

nerede

پشت

arkasında

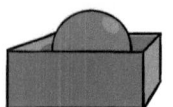

توی

içinde

جلو

önünde

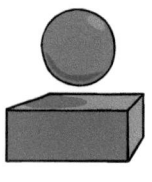

بالای

üzerinde

روی

üstünde

زیر

altında

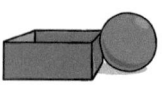

مجاور

yanında

بین

arasında

مکان

yer